Für meine kleine Prinzessin Liv Nike **SE**
Für Lucas, Jolina, Moritz und Charlotte **AE**
Für Jonathan, Linnea, Merle, Hannah, Jakob und alle Kinder
der Kindertagesstätte St. Nicolai Hannover **KM**

Sylvi Egert · Anke Erdmann · Katharina Menke

HEUTE KOCH ICH SELBST!

Das Kinderkochbuch

Mit einem Vorwort von Tim Mälzer

VERLAGSHAUS JACOBY & STUART

Kochen macht Spaß!

Frisch gekocht ist halb gewonnen!

Natürlich hat jedes Kind ein Lieblingsgericht, aber habt ihr euer Lieblingsgericht auch schon mal selbst gekocht? Ich zum Beispiel esse für mein Leben gern Spaghetti Bolo! Selbst gemacht mit frischen Zutaten ist es sensationell.

Kochen ist wie zaubern, Türme bauen und Bilder malen. Spielt mit den Zutaten, und lasst euch wilde Ideen einfallen. Das Wichtigste ist, dass ihr alles ausprobiert. Riecht die Sachen, schmeckt sie, und lasst eurer Kreativität freien Lauf. Das Einkaufen, das Schnippeln von Obst und Gemüse, das Mischen von deftigen und süßen Zutaten, das Anrichten auf dem Teller – all das ist kochen.

Ihr werdet sehen: Selbst gemacht schmeckt es noch viel, viel besser. Und es ist ein tolles Gefühl, wenn etwas, das man selbst gemacht hat, von Erfolg gekrönt ist. Und hinterher könnt ihr euch sogar mit eurem eigenen Essen selbst belohnen. Und los geht's! Es kann nur gelingen! Denn: Frisch gekocht ist halb gewonnen.

Viel Spaß beim Nachkochen!
Euer **TIM**

Ein „kleines" PS für die Eltern:

Unterstützt eure Sprösslinge, indem ihr mit ihnen kocht und sie an diesem Erlebnis
teilhaben lasst. Zeigt ihnen, was es für viele verschiedene Lebensmittel gibt,
lasst sie alles anfassen und probieren. Schließlich sollen sie sehen, dass gemeinsames
Kochen großen Spaß macht. Das Interesse nachhaltig zu wecken, ist das Ziel!
Wer selbst Karotten schnippelt, Teig knetet, Saucen rührt, Fleisch brutzelt und
immer auch probiert, der bleibt gesund und fit – ein Leben lang.

PPS: Ein gutes Geschenk ist eine Küchenschürze!

Süße Obstwiese

Lux backt saftigen Apfelkuchen 10

Spaghettimode

Sofia kocht Nudeln mit frischen Tomaten 12

Eulenspektakel

Ellis griechische Linsensuppe 14

Erdbeeraufführung

Luana und Mateo machen Mascarponecreme **16**

Hühnchen in Aufruhr

Leos leckeres Hühnerfrikassee **18**

Igelvergnügen

Brunos knusprige Gemüse-Käse-Taler 20

Affentheater

Nurias wunderbare Bananen-Muffins 22

Schollentaucher

Julius serviert Schollen-Pesto-Röllchen 24

Gemüsewalzer

Mila und Iven kochen Ratatouille 26

Butterkutter ahoi!

Paul backt Butterkuchen 28

Mondlandung

Jonathans leckere Gemüsekrusties 30

Wildwestern Mampf

Tim kocht Spaghetti Bolo **32**

Schneegestöber

Liv Nikes himmlischer Milchreis mit Kirschen 34

Grüner Zaubertrank

Jan kocht Spinat-Kräuter-Süppchen 36

Schlaraffenland

Charlotte serviert Schokokuchen 38

Jahrmarkttrubel

Carla backt Käsekuchen 40

Süße Obstwiese

Lux backt saftigen Apfelkuchen

Für 12 Leckermäuler

Deine Zutaten

Für den Teig:

1 kg Äpfel

200 g Mehl

50 g Zucker

1 Prise Salz

100 g weiche Butter

1 Ei

Saft von 1 Zitrone

Für den Guss:

100 g Zucker

20 ml Apfelsaft

Deine Zubereitung

1 Gib das Mehl, den Zucker, die Butter, das Ei und die Prise Salz in eine Schüssel und verknete alles zu einem glatten Teig. Forme den Teig zu einer Kugel, wickle ihn in Alufolie ein und leg ihn für etwa 30 Minuten in den Kühlschrank.

2 Schäle die Äpfel, schneide sie in Viertel und entferne die Kerngehäuse. Halbiere die Apfelstücke nochmals und beträufle sie mit Zitronensaft.

3 Drück den kalten Teig in eine gefettete Springform (Ø 26 cm) und verteil ihn gleichmäßig darin. An den Rändern sollte er etwa 2 cm hochstehen. Stich den Teig dann mehrfach mit der Gabel ein.

4 Ordne die Apfelspalten fächerförmig auf dem Teig an und verteil ein paar Butterflöckchen darauf. Backe den Kuchen dann im vorgeheizten Backofen bei 225 °C etwa 45 Minuten.

5 Für den Guss lässt du den Zucker in einer Pfanne bei mittlerer Hitze schmelzen, bis er leicht gebräunt ist, und rührst dann den Apfelsaft ein. Nach Ablauf der Backzeit nimmst du den Kuchen aus dem Ofen und verteilst den Guss darüber.

6 Stell den Kuchen in den Ofen zurück, erhöhe die Temperatur auf 250 °C und backe den Kuchen in 8 Minuten fertig. Löse den fertigen Kuchen aus der Form und lass ihn auskühlen. Dann kannst du ihn servieren!

Deine Zubereitung

1 Wasche die Tomaten und schneide sie in Scheiben. Schäle den Knoblauch und hacke ihn fein.

2 Schneide die Oliven und die Kapern klein. Wasche die Petersilie und den Oregano und schneide die Blättchen in feine Streifen.

3 Gib alle vorbereiteten Zutaten in eine Schüssel, gieß das Olivenöl dazu und vermische alle Zutaten gründlich miteinander.

Spaghetti mode

Sofia kocht Nudeln mit frischen Tomaten

Für 4 hungrige Kinder

Deine Zutaten

400 g Spaghetti

300 g Kirschtomaten

2 Knoblauchzehen

1 Handvoll grüne Oliven (ohne Kern)

2 EL Kapern

½ Bund Petersilie

10–12 Blätter frischer Oregano

3 EL Olivcnöl

Salz, Pfeffer

frisch geriebener Parmesan

4 Würze die Tomatenmischung nach Geschmack mit Salz und Pfeffer und stell sie abgedeckt mindestens 1 Stunde in den Kühlschrank, damit sie gut durchziehen kann.

5 Koche die Spaghetti nach Packungsanleitung in reichlich Salzwasser, bis sie bissfest sind (in Italien sagt man „al dente").

6 Mische die abgetropften heißen Spaghetti mit den kalten Tomaten, und serviere sie mit Parmesan.

Eulenspektakel

Ellis griechische Linsensuppe

Für 4 Kinder und 1 Eule

Deine Zutaten

250 g Tellerlinsen
1 Zwiebel
3 Knoblauchzehen
2 Kartoffeln
2 Karotten
2 EL Olivenöl
2 Lorbeerblätter
Salz, Pfeffer

Deine Zubereitung

1 Schäle die Zwiebel und den Knoblauch und schneide beides in feine Stücke. Schäle die Kartoffeln und die Karotten und schneide sie in kleine Würfel.

2 Erhitze das Olivenöl in einem Topf und brate die Zwiebeln und den Knoblauch darin glasig.

3 Spül die Linsen mit kaltem Wasser ab und gib sie dann mit 1 Liter Wasser, den Kartoffeln, den Karotten und den Lorbeerblättern in den Topf.

4 Lass das Wasser einmal aufkochen und koche die Suppe dann etwa 30 Minuten, bis die Linsen weich sind. Zwischendurch ab und zu umrühren. Eventuell musst du noch etwas Wasser nachgießen, denn die Linsen saugen sehr viel Wasser auf.

5 Würze die Suppe mit Salz und etwas Pfeffer, und serviere sie mit frischem Weißbrot.

Deine Zubereitung

1 Wasche die Erdbeeren sorgfältig, putze sie, und schneide sie in Scheiben.

Erdbeeraufführung

Luana und Mateo machen Mascarponecreme

Für 1 Nashorn und 7 Krokodile

Deine Zutaten

400 g Erdbeeren
500 g Mascarpone
500 g Magerquark
100 g Sahne
1 Päckchen Vanillezucker
¾ TL Zimt
3 EL Puderzucker
½ Tafel weiße Schokolade

2 Verrühr den Mascarpone mit dem Magerquark, der Sahne, dem Vanillezucker und dem Zimt zu einer geschmeidigen Creme. Siebe dann den Puderzucker darüber und rühr ihn unter die Creme.

3 Füll die Hälfte der Mascarponecreme in 8 Schälchen. Verteil dann die Hälfte der Erdbeerscheiben darauf, und gib die restliche Creme darüber.

4 Dekoriere die Schälchen mit den restlichen Erdbeeren, und rasple zum Schluss weiße Schokolade darüber. Lecker!

Hühnchen in Aufruhr

Leos leckeres Hühnerfrikassee

Für 4 gefräßige Kinder

Deine Zutaten

2 EL Mehl

2 EL Butter

1 Bund Suppengrün

1 küchenfertiges Hähnchen (etwa 800 g)

1 Lorbeerblatt

300 g Erbsen (tiefgekühlt)

50–100 g Schmand

etwas Zitronensaft

2 EL gehackte frische Petersilie

Salz, Pfeffer

Deine Zubereitung

1 Verknete das Mehl mit der Butter, forme walnussgroße Kugeln daraus, und stell sie kalt.

2 Wasche das Suppengrün, putze es und schneide es in grobe Stücke. Wasche das Hähnchen gründlich, und gib es mit dem Suppengrün, dem Lorbeerblatt, etwas Salz und 1 Liter Wasser in einen großen Topf.

3 Koche das Hähnchen im zugedeckten Topf etwa 1 Stunde. Zerteile es dann, zieh die Haut ab, lösc das Fleisch von den Knochen, und schneide es in kleine Stücke.

4 Gieß die Brühe durch ein Sieb, und fang sie in einem Topf auf. Bring dann 750 ml Brühe zum Kochen, und rühr die Buttermehlkugeln ein, bis sie sich aufgelöst haben.

5 Rühr das Hähnchenfleisch, die aufgetauten Erbsen und den Schmand ein, erhitze das Ganze noch einmal, und schmeck es mit Salz, Pfeffer und Zitronensaft ab.

6 Bestreu das Frikassee mit Petersilie, und serviere es am besten mit Reis.

Deine Zubereitung

1 Schäle die Kartoffeln und die Karotten. Wasche und putze die Zucchini und die Lauchzwiebel, und schneide die Lauchzwiebel in Ringe.

Igelvergnügen

Brunos knusprige Gemüse-Käse-Taler

Für 4 Bälger

Deine Zutaten

300 g Kartoffeln

2 kleine Karotten

1 kleine Zucchini

1 Lauchzwiebel

200 g Weichkäse (z. B. Brie, Camembert)

2 Eier

3 EL feine Haferflocken

4 EL Sonnenblumenöl

Salz, Pfeffer, frisch geriebene Muskatnuss

2 Reibe die eine Hälfte der Kartoffeln in feine, die andere Hälfte in grobe Raspeln. Die Karotten und die Zucchini raspelst du grob. Vermenge das vorbereitete Gemüse in einer Schüssel, und würze es mit Salz, Pfeffer und ein wenig Muskat.

3 Schneide den Käse in kleine Würfel. Vermische das Gemüse mit den Eiern und den Haferflocken, und rühr am Schluss den Käse unter.

4 Erhitze das Öl in einer Pfanne. Gib die Gemüse-Käse-Mischung esslöffelweise hinein, und drück sie flach. Brate die Taler von beiden Seiten 3 bis 4 Minuten, und lass sie dann auf Küchenpapier abtropfen. Dazu schmeckt Kräuterquark.

21

Affentheater

Nurias wunderbare Bananen-Muffins

Für 12 wilde Affen

Deine Zutaten

2 sehr reife Bananen

100 g weiche Butter

175 g Zucker

2 Eier

2 EL Milch

200 g Mehl

1 TL Backpulver

1 Prise Salz

1 Prise frische Vanille

Deine Zubereitung

1 Schlage die Butter
mit dem Zucker
und den Eiern zu einer
schaumigen Masse.

2 Schäle die Bananen,
zerdrück sie mit einer
Gabel, und verrühr sie mit
der Milch. Rühr dann
die Bananencreme unter
den Teig.

3 Vermische das Mehl
mit dem Backpulver, und
rühr es mit dem Salz
und der Vanille nach und
nach in den Teig.

4 Füll den Teig in
12 Muffin-Papierförmchen,
und backe die Muffins im
vorgeheizten Backofen bei
180 °C etwa 25 Minuten.
Abkühlen lassen, und schon
kann die Muffin-Party
losgehen!

Deine Zubereitung

1 Wasche die Schollenfilets, und tupfe sie mit Küchenpapier trocken. Halbiere die Filets, und bestreiche alle Hälften mit Pesto.

2 Leg jeweils eine Schollenfilethälfte auf eine Scheibe Parmaschinken, und forme eine feste Rolle daraus. Steck dann jede Rolle mit einem Zahnstocher fest.

3 Erhitze zwei Drittel der Butter in einer großen Pfanne, und brate die 8 Röllchen darin von allen Seiten an.

Schollentaucher

Julius serviert Schollen-Pesto-Röllchen

Für 4 ausgehungerte Mäuse

Deine Zutaten

4 große Schollenfilets

8 Scheiben Parmaschinken

4 TL Pesto

100 g Butter

1 Handvoll weiße Champignons

150 g Sahne

Salz, Pfeffer

8 Zahnstocher

4 Leg die Röllchen in eine gefettete Auflaufform, und backe sie im vorgeheizten Backofen bei 180 °C etwa 8 Minuten.

5 In der Zwischenzeit kannst du die Champignons putzen, sie in Scheiben schneiden und in der restlichen Butter anbraten. Gib dann die Sahne dazu, lass sie etwas einkochen, und würze nach Geschmack mit Salz und Pfeffer.

6 Richte je zwei Schollen-Pesto-Röllchen mit ein paar Champignons auf einem Teller an — und fertig ist das leckere Mahl!

Gemüsewalzer

Mila und Iven kochen Ratatouille

Für 4 tanzlustige Kinder

Deine Zutaten

2 kleine Zwiebeln

2 Knoblauchzehen

1 rote Paprikaschote

1 gelbe Paprikaschote

1 Aubergine

1 Zucchini

2 EL Olivenöl

1 Dose geschälte Tomaten (400 g)

Salz, Pfeffer

Deine Zubereitung

1 Schäle die Zwiebeln und den Knoblauch, und schneide sie in kleine Würfel.

2 Wasche und putze die Paprikaschoten, die Aubergine und die Zucchini, und schneide das Gemüse in nicht zu kleine Stücke.

3 Erhitze etwas Olivenöl in einem Topf, und brate die Zwiebeln und den Knoblauch darin glasig. Gib das Gemüse dazu, und würze alles mit Salz und Pfeffer. Verschließe den Topf mit einem Deckel, und lass alles bei mittlerer Hitze 10 Minuten dünsten.

4 Gib die geschälten
Tomaten mit dem
Saft hinzu, und lass das
Gemüse nochmals
ein paar Minuten kochen.
Schmeck zum Schluss
noch einmal mit Salz
und Pfeffer ab.

5 Du kannst das
Ratatouille mit Nudeln
(Penne) und Parmesan
oder mit Reis servieren.

Deine Zubereitung

1 Schlage die Eier
mit der Sahne, dem Zucker,
dem Vanillezucker und
dem Salz schaumig.
Vermische das Mehl mit
dem Backpulver, und rühr
es nach und nach unter
die Eiermasse, bis
ein glatter Teig entsteht.

2 Gib den Teig auf
ein gefettetes Backblech,
verteil ihn gleichmäßig
darauf und backe
ihn im vorgeheizten
Backofen bei 200 °C
etwa 15 Minuten.

Butterkutter ahoi!

Paul backt Butterkuchen

Deine Zutaten

Für den Teig:

4 Eier

1 Becher Sahne

1 Becher Zucker

1 Päckchen Vanillezucker

1 Prise Salz

2 Becher Mehl

1 Päckchen Backpulver

Für den Guss:

125 g Butter

1 Becher Zucker

1 Päckchen Vanillezucker

4 EL Milch

200 g Mandelstifte

Mit dem Becher Sahne (250 g) kannst du auch die anderen Zutaten abmessen.

3 In der Zwischenzeit kannst du den Guss zubereiten. Zerlasse dafür die Butter in einem kleinen Topf, und rühr dann den Zucker, den Vanille-zucker, die Milch und die Mandelstifte unter.

4 Verstreiche den Guss auf dem heißen Kuchen, stell den Kuchen zurück in den Backofen, und backe ihn nochmals 10 bis 15 Minuten bei 200 °C, bis die Mandeln goldbraun sind.

5 Lass den Kuchen auskühlen und serviere ihn dann mit Kakao.

Mondlandung

Jonathans leckere Gemüsekrusties

Für 4 mittelhungrige Außerirdische

Deine Zutaten

300 g Kartoffeln

200 g Gemüse (Steckrübe, Blumenkohl, Pastinake, Karotte)

1–2 EL Quark

1 Ei

100 g geriebenes Weißbrot

5–6 EL Cornflakes

2 EL Butter oder Schmalz

Salz, Pfeffer

2 Verknete die zerdrückten Kartoffeln mit den Gemüsewürfeln, dem Quark, dem Ei und dem geriebenen Weißbrot, und würze die Masse mit Salz und Pfeffer. Wenn die Masse zu weich ist (sie sollte recht fest sein), nimmst du einfach noch mehr geriebenes Weißbrot.

Deine Zubereitung

1 Schäle und koche die Kartoffeln. Zerdrück sie dann mit einer Gabel. Schneide das Gemüse in Würfel, und koche es weich.

3 Forme aus der Masse kleine Bratlinge. Zerstoße die Cornflakes in einem Mörser, und wälze die Bratlinge darin.

4 Erhitze Butter oder
Schmalz in einer
Pfanne, und brate die
Gemüsekrusties darin
goldbraun. Dazu passt
am besten Apfelkompott
oder Kräuterquark.

Deine Zubereitung

1 Schäle die Karotten, wasche und putze die Lauchzwiebeln, und schneide alles in kleine Stücke. Die Kirschtomaten ebenfalls waschen und halbieren.

2 Lass das Öl in einer großen Pfanne heiß werden, brule das Hackfleisch etwa 5 Minuten darin an, und zerkleinere es, sodass es krümelig wird. Füge dann die Karotten und die Lauchzwiebeln hinzu, und brate sie einige Minuten mit.

3 Gib die Kirschtomaten und die passierten Tomaten hinzu, und würze das Ganze mit Basilikum, Oregano und Salz. Lass alles etwa 20 Minuten offen köcheln.

Wildwestern Mampf

Tim kocht Spaghetti Bolo

Für 8 aufgeweckte Banditen

Deine Zutaten

600 g Spaghetti

300 g frisches Schweinehackfleisch

300 g frisches Rinderhackfleisch

1 frische große Karotte

2 frische Lauchzwiebeln

150 g Kirschtomaten

3 EL Olivenöl

250 ml passierte Tomaten

1 TL getrocknetes Basilikum

½ TL getrockneter Oregano

frisch geriebener Parmesan

Salz

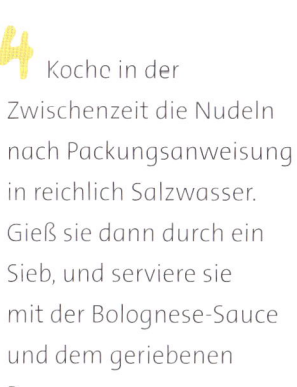

4 Koche in der Zwischenzeit die Nudeln nach Packungsanweisung in reichlich Salzwasser. Gieß sie dann durch ein Sieb, und serviere sie mit der Bolognese-Sauce und dem geriebenen Parmesan.

33

Schneegestöber

Liv Nikes himmlischer Milchreis mit Kirschen

Für 4 Zuckerschnuten

Deine Zutaten

200 g Milchreis

1 l Milch

5 EL Zucker

1 Prise Salz

1 Zimtstange

1 großes Glas Sauerkirschen (700 g)

½ EL Speisestärke

½ TL Zimt

Deine Zubereitung

1 Gib den Milchreis und die Milch in einen Topf, und bring die Milch bei mittlerer Hitze unter Rühren zum Kochen.

2 Gib 3 EL Zucker, das Salz und die Zimtstange hinzu, und lass den Reis bei schwacher Hitze etwa 45 Minuten köcheln. Rühr zwischendurch immer wieder um, damit der Reis nicht anbrennt.

3 Gieß die Sauerkirschen in ein Sieb, und fang dabei den Saft auf. Lass die Kirschen abtropfen. Gib 4 EL Kirschsaft in ein Schälchen, und bring den Rest des Saftes in einem Topf zum Kochen.

4 Verrühr die 4 EL Kirschsaft sorgfältig mit der Speisestärke, und rühr diese Mischung dann langsam in den kochenden Saft, um diesen zu binden. Gib 2 EL Zucker, den Zimt und die Sauerkirschen dazu, lass das Ganze noch einmal aufkochen und dann abkühlen.

5 Richte den Milchreis warm oder kalt mit den Kirschen an, und bestreu ihn nach Belieben mit Zimtzucker.

Deine Zubereitung

 **1** Lass den Spinat auftauen, und drück dann das Wasser heraus.

2 Bring die Gemüsebrühe zum Kochen, gib den Spinat hinein, und lass ihn kurz darin kochen.

3 Rühr den Frischkäse, die Crème fraîche und die Milch ein, und lass die Suppe erneut aufkochen.

Grüner Zaubertrank

Jan kocht Spinat-Kräuter-Süppchen

Für 6 mittelhungrige Zwerge

Deine Zutaten

150 g gehackter Spinat (tiefgekühlt)

750 ml Gemüsebrühe

150 g Frischkäse

150 g Crème fraîche

375 ml Milch

2 EL gemischte gehackte Kräuter

etwas geriebene Muskatnuss

75 g geschrotete Mehrkorn-Getreidemischung

Salz, Pfeffer

5 Rühr die Getreidemischung unter, und lass die Suppe auf der warmen Herdplatte noch ein paar Minuten quellen. Und schon kannst du sie servieren!

4 Würze die Suppe mit der Kräutermischung, Muskat, Pfeffer und nach Geschmack noch mit etwas Salz.

Schlaraffenland

Charlotte serviert Schokokuchen

12 Stücke für ein Schwein

Deine Zutaten

200 g Zartbitterschokolade

200 g Butter

4 Eier

200 g Zucker

1 Päckchen Vanillezucker

1 Prise Salz

200 g gemahlene Mandeln oder Nüsse

½ Päckchen Backpulver

Puderzucker

Deine Zubereitung

1 Brich die Schokolade in Stücke, und gib sie mit der Butter in einen kleinen Topf. Bring beides bei niedriger Hitze zum Schmelzen.

2 Schlage die Eier mit dem Zucker, dem Vanillezucker und dem Salz schaumig. Rühr dann die Schoko-Butter-Mischung unter.

3 Vermische die Mandeln mit dem Backpulver, und rühr sie nach und nach unter, bis ein glatter Teig entsteht.

4 Füll den Teig in eine gefettete Springform (Ø 26 cm) und backe den Kuchen im vorgeheizten Backofen bei 160 °C etwa 40 Minuten.

5 Löse den heißen Kuchen vorsichtig aus der Form, und lass ihn dann auskühlen. Vor dem Servieren kannst du ihn dick mit Puderzucker bestäuben, das sieht sehr hübsch aus!

Deine Zubereitung

1 Schlage den Zucker und den Vanillezucker mit der Butter schaumig.

2 Rühr dann die Eier und den Quark unter und am Schluss das Vanille-puddingpulver, den Grieß und das Backpulver.

Jahrmarkttrubel

Carla backt Käsekuchen

Für 12 schwindelfreie Molche

Deine Zutaten

125 g weiche Butter

375 g Zucker

1 Päckchen Vanillezucker

3 Eier

1 kg Magerquark

1 Päckchen Vanillepuddingpulver

1 Päckchen Backpulver

1 EL Grieß

3 Füll den Teig in eine gut gefettete Springform (Ø 26 cm), und backe ihn im vorgeheizten Backofen auf der unteren Schiene bei 180 °C etwa 60 Minuten.

4 Lass den Kuchen im ausgeschalteten Backofen langsam abkühlen. Dann kannst du ihn servieren!

Die Buchmacher...

Sylvi Egert, geboren 1967, machte eine klassische Fotografie-Ausbildung und studierte Kulturwissenschaften und Germanistik. Sie arbeitet als freie Art Buyerin für Agenturen und Verlage und gibt in ihrer freien Zeit Yoga-Unterricht für Kinder. Sie lebt mit ihrem Mann und ihrer fünfjährigen Tochter in Hamburg. Weil sie die Kita ihrer Tochter unterstützen wollte, die es sich auf die Fahne geschrieben hat, eine gesunde Ernährung zu fördern, kam sie auf die Idee, ein Kinderkochbuch zu kreieren. Sie begeisterte Anke Erdmann und Katharina Menke für das Projekt, und mit viel Herzblut schuf das kreative Trio dieses Buch.

Anke Erdmann, geboren 1977, arbeitete nach Abschluss ihres Kommunikationsdesign-Studiums in verschiedenen Hamburger Designagenturen. Seit 2009 ist sie als freie Designerin in Hamburg tätig. Sie widmet sich begeistert freien Projekten, vor allem aus den Bereichen Editorial und Fotografie, und hat große Freude am Gestalten von Kinderbüchern.

Katharina Menke, geboren 1977, hat in Braunschweig und Hannover Kommunikations-design studiert. Sie arbeitet seit ihrem Diplom als freie Designerin und Illustratorin in Hannover und interessiert sich für freie künstlerische Projekte. Zeitweise ist sie in einer Kindertagesstätte tätig. Ihre große Leidenschaft gilt der Kinderliteratur und dem Kinderfilm.

... und der Koch

Tim Mälzer, geboren 1971 in Elmshorn, arbeitete nach seiner Kochlehre einige Jahre in London und eröffnete 2002 sein erstes eigenes Restaurant in Hamburg. Als Fernsehkoch wurde er berühmt. Seine Kochbücher verkauften sich millionenfach. Mit dem Projekt „Küchen für Deutschlands Schulen" setzt er sich zusammen mit dem Bundesministerium für Gesundheit und der Bertelsmann Stiftung dafür ein, Kindern so früh wie möglich Spaß am Kochen zu vermitteln und damit eine gesunde Ernährung zu fördern. 2009 hat Tim Mälzer sein Restaurant Bullerei im Hamburger Schanzenviertel eröffnet.

Danke!

Wir danken den offenen, wilden, liebe- und phantasievollen Kindern des
CVJM-Kindertagesheims Koppel e.V. in St. Georg in Hamburg und deren Eltern,
die uns ihre Lieblingsgerichte verraten und damit maßgeblich zur Entstehung
dieses Kinderkochbuchs beigetragen haben.
Ein großes Dankeschön auch an Lucas de Groot für das Überlassen der
Schrift TheSans Kind!

© 2010 Verlagshaus Jacoby & Stuart, Berlin
Alle Rechte vorbehalten

Idee Sylvi Egert
Konzept Anke Erdmann und Katharina Menke
Illustrationen Katharina Menke
Gestaltung Anke Erdmann
Gesetzt aus der TheSans Kind von Lucas de Groot
Printed in Italy

ISBN 978-3-941787-11-7
www.jacobystuart.de